AF240358

# DES PRÉTENTIONS PRIMATIALES

DES

# MÉTROPOLITAINS DE VIENNE,

## BOURGES, ET BORDEAUX,

SUR LA

## PROVINCE ECCLÉSIASTIQUE D'AUCH,

PAR

## M. Jean-François BLADÉ.

AUCH

IMPRIMERIE ET LITHOGRAPHIE G. FOIX, RUE BALGUERIE

1896

# DES PRÉTENTIONS PRIMATIALES

## EN

# MÉTROPOLITAINS DE VIENNE, BOURGES, ET BORDEAUX,

### SUR LA PROVINCE ECCLÉSIASTIQUE D'AUCH.

# DES PRÉTENTIONS PRIMATIALES

DES

# MÉTROPOLITAINS DE VIENNE,

## BOURGES, ET BORDEAUX,

SUR LA

## PROVINCE ECCLÉSIASTIQUE D'AUCH,

PAR

## M. Jean-François BLADÉ.

AUCH

IMPRIMERIE ET LITHOGRAPHIE G. FOIX, RUE BALGUERIE

1896

Dans ce petit mémoire[1], je voudrais examiner, au point de vue purement historique, la valeur des prétentions primatiales des métropolitains de Vienne, de Bourges, et de Bordeaux, sur la province ecclésiastique d'Auch. Il est largement prouvé que, depuis 879 tout au moins, les archevêques d'Auch avaient succédé aux droits des anciens métropolitains d'Eauze sur ladite province, dans laquelle étaient englobés les diocèses d'Auch, Dax, Lectoure, Comminges, Couserans, Aire, Bazas, Tarbes, Oloron, Lescar, et Bayonne.

§ I. — PRÉTENTIONS PRIMATIALES DES ARCHEVÊQUES DE VIENNE SUR LA PROVINCE ECCLÉSIASTIQUE D'AUCH.

Ces prétentions reposent exclusivement sur une bulle délivrée à Valence (diocèse d'Avignon) par Calixte II, qui avait été archevêque de Vienne. Ce pape, étend la primatie de ladite métropole sur les provinces de Bourges, de Bordeaux, d'Auch, de Narbonne, d'Aix, et d'Embrun[2].

(1) Ces recherches, publiées dans la *Revue de Gascogne*, ont été tirées à part à soixante-dix exemplaires, dont aucun n'a été mis dans le commerce.

(2) Ut videlicet (archiepiscopus Viennensis), super septem provincias primatum obtineat, super ipsam Viennensem, super Bituricam, Burdigalam, Auxitanam quæ Novempopulana dicitur, super Narbonam, Aquensem et Ebredunensem (*Gall. Christ.*, XVI, 32-33. *Instr. Eccl. Viennensis*).

Mais cette bulle a évidemment pour but de donner au métropolitain de Vienne le titre de primat des primats des Sept Provinces du Bas-Empire.

### § II. — PRÉTENTIONS PRIMATIALES DES ARCHEVÊQUES DE BOURGES SUR LA PROVINCE ECCLÉSIASTIQUE D'AUCH

Plusieurs érudits, Sirmond, Marca, Mabillon, Baluze, Le Cointe, les auteurs de l'*Histoire générale de Languedoc*, Raynal, etc., etc., ont copieusement et contradictoirement discuté sur les origines de la primatie de Bourges. Les uns la font remonter à l'époque de la première organisation du christianisme dans les Gaules. Les autres en retardent l'établissement jusqu'à la création du royaume d'Aquitaine (778). Je me félicite que mes devoirs d'annaliste de la Gascogne ne m'obligent pas à me prononcer là-dessus[1].

(1) Avant de toucher incidemment et très sommairement aux origines de la primatie de Bourges, j'ai étudié, en conscience, les travaux de mes devanciers. Mes explications sont intitulées : *De la prétendue primatie des métropolitains de Bourges sur ceux des autres provinces ecclésiastiques comprises dans l'Aquitaine*. Ce petit travail n'est qu'un simple paragraphe du mémoire sur *Le sud-ouest de la Gaule Franque depuis la création du royaume d'Aquitaine jusqu'à la mort de Charlemagne*, inséré dans les *Annales de la Faculté des lettres de Bordeaux* de 1891, p. 130-137 et 280-337. Depuis lors, les *Annales du Midi*, année 1895, p. 141-157, ont publié un travail de M. Leroux intitulé : *La primatie de Bourges*. Il semble bien que l'auteur a cru pouvoir épuiser un tel sujet en seize pages. Il semble aussi que M. Leroux a rêvé, toutes proportions gardées, d'un succès analogue à celui que méritent si hautement les recherches sur *Les métropoles du sud-est et la primatie d'Arles*, insérées par M. l'abbé Duchesne dans le t. I, p. 81-111, de ses *Fastes épiscopaux de l'ancienne Gaule*. Mais, à cette analogie des sujets, ne correspond pas, malheureusement pour la science une égalité d'aptitudes entre les deux érudits. Les premières pages de *La Primatie de Bourges* attestent trop clairement, en effet, que l'auteur ne soupçonne même pas les principales difficultés du sujet, jusqu'à la période féodale. Il semblerait même, à son dire, que j'aurais abordé le premier cette question. « M. Bladé se trompe, dit-il, en affirmant qu'il n'a été question qu'après Charlemagne de la primatie de Bourges. — Nous lui concédons, par contre, qu'elle n'a jamais été défendue par aucun argument sérieux contre la province d'Aix. » Je remercie M. Leroux de son satisfecit partiel. D'ailleurs, il se peut fort bien que je me trompe au principal. Mais, en ce cas, c'est avec les auteurs de l'*Histoire générale de Languedoc* (édit. princeps, note LXXXVII, p. 731-734), qui font l'historique du problème, avant d'en proposer la solution, avec une prudence que M. Leroux imitera peut-être, quand il aura pris connaissance suffisante de leur travail. Pour ces raisons, et pour plusieurs autres, l'article

Sous le pape Pascal II, éclata, dit-on, entre les archevêques de Bourges et ceux d'Auch, un conflit définitivement réglé, en 1126, par une bulle de Honorius II, proclamant la primatie de Bourges sur toute l'Aquitaine, et ordonnant aux métropolitains d'Auch de la reconnaître[1].

On a produit en outre, à l'appui de ladite bulle, une lettre que Bernard III, archevêque d'Auch, aurait écrite en 1200, et dans laquelle ce prélat accepte formellement la primatie du métropolitain de Bourges[2].

A cela, j'objecte tout d'abord que la prétendue bulle d'Honorius II est tirée des archives de l'archevêché de Bourges. Ceci est déjà fait pour m'inquiéter; et j'avoue que ma défiance augmente, quand je lis, dans cette pièce, qu'entre 1099 et 1118, Pascal II se serait déjà occupé d'un conflit entre les archevêques de Bourges et d'Auch, concernant la primatie réclamée par les premiers. Mais voici plus fort. Dans une prétendue lettre de 1200, Bernard III, archevêque d'Auch, reconnaît la suprématie de Guillaume de Bourges, et multiplie les termes de soumis-

sur la *Primatie de Bourges* a été jugé très sévèrement par les érudits dont l'opinion mérite d'être comptée. J'ai pourtant le devoir de constater que la dernière partie du mémoire de M. Leroux contient des choses fort intéressantes, dont je me suis très volontiers approprié quelques-unes, après en avoir soigneusement contrôlé la solidité.

(1) Honorius episcopus, servus servorum Dei, etc... Sane in registro felicis recordationis Paschalis papæ II prædecessoris nostri contineri prospeximus in hunc modum : Bituricensi archiepiscopo adversus fratrem nostrum Auxianum archiepiscopum querelam te diutius egisse cognovimus. — Nos ergo dilectionem tuam ex fratrum nostrorum judicio per orarium quod tunc temporis gerebamus, obedientia metropolitana ejusdem investivimus, salvo nimirum jure Auxianæ ecclesiæ, ut videlicet interim tibi tanquam primati subditus sit, donec si libertatem ecclesiæ suæ vindicare voluerit, Romanæ ecclesiæ vel legatorum ejus judicio, finis huic casæ certior imponatur. etc. (*Gall. Christ.*, II, 11-18, *Instr. Eccl. Biturie.*)

(2) Reverendo patri ac domino Willelmo, Dei gratia Bituricensi archiepiscopo Aquitaniæ primati, B. eadem gratia Auscitanæ ecclesiæ minister humilis salutem et devotam subjectionis et obedientiæ reverentiam.

Cum propter guerras interjacentium terrarum et propter urgentia negotia ecclesiæ nostræ non possumus ad fraternitatem vestram et Bituricensem ecclesiam matrem nostram personaliter visitare, nostram absentiam excusamus, vobis jus plenarium primatiæ super Auscitanam provinciam per patentes nostras litteras recognoscentes, et omnem jam obedientiam quam reverentiam primati debitam promittentes. (*Gall. Christ.*, II, Instr. Eccl. Bituricens. 19.)

sion (*subjectionis et obedentiæ... paternitatem vestram... jus plenariæ primatiæ super Auscitanam provinciam*), avec une telle clarté, qu'un supérieur véritable n'aurait pu imaginer, dans son intérêt, une rédaction plus avantageuse.

Mais a-t-on jamais vu, ailleurs que dans notre texte, un prélat placé sous l'autorité d'un autre, témoigner, par un aveu spécial, d'une obéissance dont l'expression est absolument inutile, puisqu'elle résulte normalement de la situation respective des deux parties?

Notez, d'ailleurs, que Bernard III ne va pas à Bourges, sous prétexte que, par ces temps de guerres, les routes ne sont pas sûres. Il dépêche un mandataire porteur de lettres patentes (*patentes litteras nostras*), et il n'en faudrait pas davantage pour prouver la fausseté de la pièce. Jamais un prélat n'a délivré de lettres patentes, mais bien des lettres épiscopales. Les premières ne peuvent émaner que du roi.

« La lettre patente, dit M. Giry, est dépourvue des formes ou d'une partie des formes solennelles qui caractérisent le diplôme. Elle ne commence point par une invocation; la suscription ou écriture, qui ne se distingue pas du reste de la teneur, y est ordinairement suivie d'une adresse, soit générale, par exemple : *Universis ad quod littere presentes pervenerunt*, à une ou plusieurs personnes déterminées, désignées par leur nom ou leur titre, ou encore à une catégorie de personnes. Dans l'un et l'autre cas, l'adresse se termine habituellement par une formule de salut. Le texte ne comporte pas nécessairement de clauses finales, et, lorsqu'elles existent, le seul signe de validation qui y est annexé est le sceau. Le texte se termine par la date qui, sous la formule *Actum*, comprend le lieu, l'an de l'incarnation, et le mois sans quantième; par exemple : *Actum Parisiis anno ab incarnatione Domini millesimo ducentessimo secundo, mense februario.* Elles n'ont pas d'autre signe de validation que le sceau, qui est, suivant le cas, de cire jaune ou verte, et pendant sur lais de soie ou sur simple queue [1]. »

Ainsi, même en concédant l'impossible, même en admettant que Bernard III eût à reconnaître par écrit son supérieur ecclésiastique, ce prélat ne pouvait user de lettres patentes. Il devait employer les lettres épiscopales, dont M. Giry parle en ces termes :

« D'après leur objet, les lettres épiscopales recevaient des désignations particulières. On nommait lettres de communion (*litteræ communicationis*) celles qu'on accordait aux fidèles qui devaient traverser plusieurs diocèses; les *litteræ dimissoriæ* étaient des lettres de recommandation; les dimissoires (*litteræ dimissoriæ* ou *dimissoriales*) étaient accordées aux clers qui se rendaient dans d'autres diocèses, elles comportaient l'autorisation de les promouvoir aux ordres; les *litteræ pœnitentiales* étaient délivrées aux pénitents chargés de faire des pèlerinages; les lettres canoniques (*litteræ canonicæ*) étaient la notification au clergé et au peuple de l'ordination et du sacro d'un nouvel évêque, mais on employait aussi cette expression dans un sens plus général pour désigner toutes sortes de lettres fermées; enfin, les lettres syndicales étaient celles que la chancellerie épiscopale expédiait au nom de l'évêque ensuite des délibérations du synode diocésain, mais on a donné le même nom aux lettres adressées aux princes et aux églises par les Pères des conciles à l'issue des assemblées, et d'une manière plus générale à toutes les lettres ecclésiastiques traitant de la foi [2]. »

(1) Giry, *Manuel de diplomatique*, 733-736. — Je ne connais qu'un cas où le mot *litteræ patentes* s'applique à une pièce émanant, non pas du roi, mais d'une autorité municipale. C'est un ordre de paiement délivré en 1230 par Raymond Mousley, maire de Bordeaux, à deux habitants de cette ville. (*Arch. hist. de la Gironde*, XXV. 8-9, avec fac-simile, planche IX.) Mais les bénéficiaires de cet ordre devant être payés ailleurs sur l'exhibition de la pièce, celle-ci ne constitue en réalité qu'un mandat à solder. Renseignement fourni par M. G. Tholin.

(2) Giry, *Manuel de diplomatique*, 811-812.

Pour ces raisons de pure diplomatique, il y a donc lieu de rejeter déjà, comme apocryphe, la prétendue lettre de Bernard III, archevêque d'Auch, à Guillaume, archevêque de Bourges.

Interrogeons maintenant l'histoire.

L'archevêque de Bourges dont s'agit est évidemment Guillaume de Donjon (*de Donjeon*), qui succéda à Henri de Sully. Nous trouvons la première mention de ce prélat dans une lettre du 9 janvier 1201, où il menace d'excommunication ceux qui n'obéiront pas à une lettre d'Innocent III. Or, Henri de Sully mourut le 3 des ides de septembre de l'année 1200. L'élection de Guillaume de Donjon eut donc lieu durant l'assez bref intervalle compris entre les deux dates précitées[1]. Et cependant, malgré la distance qui sépare Bourges d'Auch, malgré l'état de guerre, et l'insécurité des routes dont il se plaint, Bernard III aurait été avisé de l'élection du prélat de Bourges avec une étonnante rapidité. C'est pourquoi, ne pouvant encore entreprendre une sorte de voyage *ad limina* auprès de son prétendu primat, il dépêche, en attendant, un mandataire porteur de lettres patentes. Mais, par surcroît de malheur, l'archevêque d'Auch n'était pas alors en état d'agir ainsi. Sans doute, Bernard III fut élu archevêque d'Auch vers 1195; mais tout porte à croire que le Saint-Siège ne se hâta pas d'approuver cette élection.

Dans une charte de l'abbaye de Gimont, datée de cette année-là, Bernard III n'est encore désigné que comme évêque élu d'Auch. C'est en vain qu'on a opposé à ce titre une charte délivrée par Gaston VI, vicomte de Béarn, en faveur de l'abbaye de la Grande-Sauve (*Sylva Major*), charte datée de 1181, et où ledit Bernard III figure avec le titre d'archevêque d'Auch. La pièce invoquée n'est pas

<hr>

[1] *Gall. Christ.*, II. 30-53.

un original, mais une copie, comme le prouve assez le mot *vidimus*. Si on veut retenir la date 1195, il faut nécessairement substituer au nom de Bernard III celui de son prédécesseur Gérard de Labarthe. Mais quoi? Nous avons une charte de 1192, concernant l'église de Bazas, et attestant que cette année-là l'archevêché d'Auch était vacant : *vacante ab archiepiscopo ecclesia Auxitana*[1]. Au contraire, tout va bien si on substitue l'année 1195 à 1196. Bernard III donna à l'abbaye de la Grande-Sauve l'église de *Loza*, avec ses appartenances, et notamment celles dont jouissait le prieur de Gabarret. La donation est datée de l'an de l'incarnation 1197 (1159 de notre ère). Le même prélat figure dans le contrat de mariage de Bernard IV, comte de Comminges (1181-1226) avec Marie, fille de Guillaume VIII, seigneur de Montpellier. La même année notre achevêque confirma le divorce canoniquement prononcé sur la parenté au quatrième degré des deux époux par Roger II, dit aussi Arnaud-Roger, évêque de Comminges. Bernard III menait une vie tellement scandaleuse, que le pape Innocent III (l. II, ep. 32) lui demanda de résigner ses pouvoirs, faute de quoi il lui donnerait un successeur.

Dans une autre lettre de 1214 (l. IV, ép. 5), le même pape, soucieux de se renseigner sur la vie d. l'archevêque d'Auch, et sur les mauvaises mœurs de ses chanoines, délègue, comme enquêteur, l'archevêque de Bordeaux, l'évêque d'Agen, et l'abbé de Clairac. Si ces trois commissaires constatent des faits assez graves pour motiver des dépositions, il les prononceront. Si les accusateurs manquent, les accusations portées devant le Saint-Siège sont néanmoins telles, que les trois enquêteurs consulteront cinq prélats de la région. Dans le cas où Bernard III refuserait de se justifier. il sera déposé.

[1] Gall. Christ., 1, 110, Instr. eccl. Vasatensis.

En 1215, ce prélat était remplacé par Garsie II de Lort [1].

Ainsi, la prétendue lettre de Bernard III, archevêque d'Auch, à Guillaume, archevêque de Bourges, est condamnée comme fausse par la diplomatique et par l'histoire.

Aux xi° et xii° siècles, les métropolitains de Bourges invoquaient rarement leur titre primatial.

Dans un acte de 1095, l'archevêque de cette ville est qualifié tout simplement de *Bituricensis episcopus* [1], et de *Bituricæ sedis metropolitanus* dans un titre de 1132. Cependant, en 1169, le roi de France Louis VII dit à propos de Pierre de La Châtre : *in prima sede Aquitaniæ sedit*. A ce propos, M. A. Leroux fait observer, avec raison, qu'il y a là une suggestion des intéressés. Bordeaux est devenu, grâce aux Anglais, la capitale de l'Aquitaine. Aussi les titres d'*Aquitaniæ primas*, de *patriarcha*, se répètent souvent dans les textes rédigés sous l'inspiration de la métropole de Bourges [2], qui représente alors les intérêts du roi de France, contre ceux du roi d'Angleterre lequel possède Bordeaux. Mais, poursuit M. Leroux, « la querelle n'éclate guère que sous saint Louis, à l'occasion de l'invitation que l'archevêque de Bourges avait faite à son confrère de Bordeaux (1224) de prendre part au concile qui allait se réunir dans la première de ces deux provinces [4] : *cum igitur [5] inter ceteros Burdigalensem archiepiscopum*

(1) *Gall. Christ.*, i, 980 D.

(2) Consulter dans nos *Chartes, chroniques, mémoriaux... De la Marche et du Limousin* (p. 45), un acte qui débute ainsi : *G. Burdigalensiam dictus episcopus*. Ce n'est, il est vrai, qu'un *vidimus*. — Note de M. Leroux.

(3) *Id., ibid.*, 49.

(4) Cette invitation est imprimée dans le *Gall. Christ.* (ii, instr., p. 23), avec la date MCCXXXVIII. Il faut sans doute corriger MCCXXIII, à moins d'admettre, comme les auteurs du *Gallia*, p. 65, un concile de 1228 qui, en dépit des lettres de convocation, n'aurait pas été tenu. — Note de M. Leroux.

(5) Mansi, *Sacr. concil.*, xxii, 1114-1118.

*nobilius membrum Bituricensis ecclesiae reputemus...
auctoritate primatiae citamus vos et specialiter ad concilium convocamus [1]. »*

L'archevêque de Bordeaux ne parut pas au concile, où
siégèrent pourtant les métropolitains de Lyon, de Reims,
de Tours, d'Auch, et plus de cent évêques. Entre les
prélats de Bourges et de Bordeaux, la querelle continua,
malgré l'intervention du Saint-Siège, jusqu'au 26 novembre 1305, époque où une bulle de Bertrand de Goth,
devenu pape sous le nom de Clément V, et qui avait été
auparavant archevêque de Bordeaux, donna gain de cause
aux métropolitains de cette ville, et les déclara, au détri-
ment de ceux de Bourges, primats de toute l'Aquitaine [2].

« Il ne semble pas, dit M. Leroux, que les rois de
France aient accepté la décision de Clément V. Nous
avons deux lettres de Charles VII et de Louis XI, des
mois de juillet et oct bre 1461, à l'occasion d'un appel
interjeté par l'église de Saintes d'une décision de l'archevêque de Bordeaux devant celui de Bourges. Il y est
clairement déclaré et reconnu que celui-ci possède la
primatie de Bourges et de Bordeaux.

» Les archevêques de Bourges ne cédèrent jamais
devant ceux de Bordeaux. Dans le préambule de la lettre-
circulaire par laquelle Renaud de Semblançay convoqua,
en 1584, un concile provincial à Bourges, le titre de
primat d'Aquitaine figure parmi ceux du prélat [3]. Cette
lettre fut adressée aux archevêques d'Auch, de Bordeaux,
de Narbonne, et de Toulouse [4], qui, sans doute, préférè-

---

(1) LEROUX. *La primatie de Bourges,* 150.

(2) Là-dessus, voir RAYNAL, *Histore du Berry,* II, 309-332.

(3) Reginaldus Dei gratia et Sanctae Sedis auctoritate patriarcha et archiepiscopus Bituricensis, Aquitaniæ primas. *Lettre de novembre 1583.*

(4) Vocati ad hoc provinciale concilium fuerunt domini reverendi archiepis-
copi Burdegalensis, Narbonensis, Ausitanus et Tholosanus, tanquam huic primæ
subditi, qui non adfuerunt (F° 107, v° des *Decreta concilii provincialis patri-
archalis provincial Aquitaniæ Bitarigibus celebrati...* Paris, Frédéric Morel,
1586, in-12).

rent ne point répondre que de ressusciter une querelle de
ce genre. Ce qu'il y a de certain, c'est qu'ils s'abstinrent
de siéger, même par procureurs, au concile de Bourges.

» Quand le siége d'Albi fut érigé en archevéché, en
1678, aux dépens de Bourges, le nouveau promu reconnut
explicitement le titre primatial de son ancien métropolitain Ce fut, je crois, le dernier acte important de ce
trop long débat[1] ».

Je ne crois pas me tromper. Il résulte clairement de
l'exposé qui précède, que les archevêques de Bourges
n'ont produit, à l'appui de leurs prétentions de primats
de la province ecclésiastique d'Auch, que deux pièces
apocryphes; qu'aucun acte tiré de l'histoire des archevêques d'Auch n'atteste que ces prélats aient jamais reconnu les métropolitains de Bourges comme primats de
leur province ecclésiastique.

### § III. — PRÉTENTIONS PRIMATIALES DES ARCHEVÊQUES DE BORDEAUX SUR LA PROVINCE ECCLÉSIASTIQUE D'AUCH.

Au temps du roi Gontran et du prétendant Gondovald,
disent les auteurs dévoués à la cause des prélats Bordelais, Bertrand, métropolitain de Bordeaux, et son suffra-
gant Pallade, évêque de Saintes, Orestes, évêque de
Bazas, sacrèrent Faustinien évêque de Dax[2]. Or, les
diocèses de Bazas et de Dax étaient dans la province
ecclésiastique d'Eauze, dont Auch devint ensuite la
métropole. Second argument : cette ville d'Eauze ayant
été détruite, vers 732, par les Sarrasins d'Abd el Rahman,
les métropolitains de Bordeaux héritèrent des droits de
ceux d'Eauze, comme étant les plus voisins de cette province ecclésiastique.

Telles sont les raisons alléguées. Mais elles ne sou-

(1) A. Leroux. *La primatie de Bourges*, 150-152.
(2) Greg. Turon, *Hist. Franç.*, VII, 31.

tiennent pas l'examen. Il est, en effet, certain que Bertrand, métropolitain de Bordeaux, Pallade, évêque de Saintes, et Orestes, évêque de Bazas, furent punis au second concile de Mâcon (585), pour avoir sacré évêque de Dax, Faustinien, qui fut alors déposé. Nous avons d'ailleurs les preuves qu'après cette entreprise, Eauze continua longtemps encore d'être la métropole du pays. Cette ville ne fut pas, comme on l'a dit, ruinée par les Sarrasins, mais par les Normands, vers le milieu du ix⁰ siècle. Ainsi, ces arguments ne comptent pas. Il en est de même de celui qu'on tire de l'érection de l'église de Bordeaux en primatiale par le pape Clément V, en l'année 1306. La décision de ce pape n'a pour but direct, en effet, que de soustraire les archevêques de Bordeaux à la primatie de Bourges, et non de leur conférer des droits sur la province d'Auch.

Pourtant, les prélats bordelais ne l'entendaient pas ainsi. Ils avaient établi, au chef-lieu de leur province, une officialité diocésaine, une officialité métropolitaine, et une officialité primatiale. On allait en appel des sentences rendues par la première devant la seconde, et de ceux de la seconde devant la troisième. Or, il advint, plus d'une fois, que des justiciables de la province d'Auch, jugés en appel devant l'officialité métropolitaine d'Auch, firent encore appel devant l'officialité métropolitaine de Bordeaux. M. le chanoine de Carsalade du Pont m'a signalé, aux archives de l'archevêché de Bordeaux, E, 7. une pièce de 1681 où le métropolitain d'Auch donne l'absolution *ad cautelam* de l'interdiction prononcée contre le curé de la paroisse landaise Monfort, qui avait reconnu la primatie de l'archevêque de Bordeaux.

D'autre part, M. l'abbé Cazauran m'a communiqué, aux Archives du Grand Séminaire d'Auch, deux mémoires manuscrits, insérés au tome v des *Glanages* de l'abbé Daignan du Sendat. Ni l'un ni l'autre de ces mémoires ne sont datés. L'écriture du premier, qui porte le n° 38, est du commencement du xviii° siècle. Il y est question d'un appel de l'officialité de Bazas (diocèse compris dans la province d'Auch), porté d'abord devant l'officialité métropolitaine d'Auch, et ensuite devant l'officialité primatiale de Bordeaux, par un plaideur du nom de Sugean. Le rédacteur de cette pièce, qui tient pour les prélats Auscitains, fait observer qu'il y a conflit, les métropolitains d'Auch n'ayant jamais reconnu la primatie des prélats Bordelais. En l'espèce, il y a donc lieu, dit-il, à règlement de juges, entre l'official diocésain de Bazas, l'official métropolitain d'Auch, l'official de la prétendue primatie de Bordeaux, et les Parlements de Toulouse et de Bordeaux. Le second mémoire, qui porte le n° 46, est un peu postérieur au premier. On n'y trouve d'ailleurs que des banalités historiques destinées, dans la pensée de l'auteur, à établir la pleine indépendance de l'archevêque d'Auch, lequel exerce, « sur la Novempopulanie, tous les droits que veut s'attribuer l'archevêque de Bordeaux. »

J.-F. B.

Agen, ce 1er juillet 1896.

Impr. et Lith. G. FOIX. — 4, rue Balguerie, AUCH